Ulla Stahlberg

Mareike
und das Reiterfest

Mit Illustrationen von
Margareta Nordqvist

Aus dem Schwedischen übertragen von
Jutta Hamberger

KOSMOS

Umschlaggestaltung von Milada Krautmann, Stuttgart,
unter Verwendung einer Illustration von Margareta Nordqvist, Schweden.
Aus dem Schwedischen von Jutta Hamberger.

Titel der schwedischen Originalausgabe: Ryttargala, Amanda!

Autorin
Dass Pferde mehr als nur ein Hobby sind, weiß kaum jemand besser als Ulla Stahlberg. Lange Jahre war sie im Reitverband Schwedens für Ausbildungsfragen zuständig. Zum Thema Reiten und Pferde hat sie in Schweden schon einige Bücher für Kinder und Jugendliche veröffentlicht.

Illustratorin
Die in Schweden sehr bekannte und beliebte Kinderbuchillustratorin Margareta Nordqvist ergänzt den Text durch ihre ebenso lebendigen wie sachverständigen Aquarelle.

»Mareike und das Reiterfest« ist der fünfte Band der Mareike-Reihe von Ulla Stahlberg.
In dieser Reihe sind bei Kosmos erschienen:
Mareike lernt reiten (3-440-07545-1)
Mareike reitet aus (3-440-07544-3)
Mareike auf dem Reiterhof (3-440-07644-X)
Mareike lernt Springen (3-440-07645-8)
Weitere Bände sind in Vorbereitung.

Dieses Buch folgt den Regeln der neuen Rechtschreibung.

Die Deutsche Bibliothek – CIP-Einheitsaufnahme:

Mareike-Reihe / Ulla Stahlberg. Mit Ill. von Margareta Nordqvist.
Aus dem Schwed. übertr. von Jutta Hamberger. – Stuttgart : Kosmos
Bd. 5. Mareike und das Reiterfest.– 1999
ISBN 3-440-07662-8

ISBN 3-440-07662-8
Lektorat: Ellen von Döring
Printed in Czech Republic / Imprimé en République tchèque
Herstellung: Die Herstellung, Stuttgart
Satz: TypoDesign, Radebeul bei Dresden
Druck und Bindung: Těšínská Tiskárna, a. s., Český Těšín

Inhalt

NETTAN

Das Reiterfest

»Mareike, hast du schon gehört? Im Sommer findet hier im Reitstall ein großes Reiterfest statt!«

Mareike ist gerade bei Nettan. Sie hört auf ihr Pferd zu striegeln und dreht sich zu Sofia um. »Ehrlich? Wer hat das gesagt? Ein richtiges Reiterfest?«

»Ja.« Sofia nickt kräftig. »Ulrika hat es vorhin erzählt. Sie hat gesagt, dass das eine tolle Werbung für unseren Reitverein ist.«

»Ist ja super!« Mareike ist begeistert.

»Ich werde alle meine Freunde dazu einladen«, verkündet Sofia. »Die sollen endlich mal sehen, wie gut wir schon reiten!«

»Meinst du denn, wir dürfen auch mitmachen?«, fragt Mareike zweifelnd. Darauf hat sie gar nicht zu hoffen gewagt.

»Klar! Immerhin haben wir gerade das Kleine Hufeisen bestanden«, sagt Sofia. »Da dürfen wir sicher etwas vorführen!«

Mareike und Sofia kennen sich schon seit ihrer allerersten Reitstunde. Damals sind sie noch auf den Ponys Trassla und Putte geritten. Inzwischen sind beide Mädchen aber ein ganzes Stück gewachsen und sie dürfen auf großen Pferden reiten.

Mareike, deren Lieblingspony Trassla war, reitet nun immer Nettan. Sofias neues Lieblingspferd heißt Tuttan. Nettan und Tuttan sind hellbraune Füchse und haben ein Stockmaß von ungefähr 155 Zentimeter. Beide Pferde sind fast gleich groß, haben eine Blesse und an drei Beinen weiße Fesseln. So sehen sie sich zum Verwechseln ähnlich – und trotzdem sind sie sehr verschieden! Tuttan ist ein bisschen zierlicher gebaut und besonders zäh.

Nettan ist ein bisschen rundlicher als Tuttan, aber auch sehr lebhaft und munter. Wenn etwas Unvorhergesehenes passiert, regt sie sich leicht auf. Dann macht sie einen Hopser oder tänzelt mit kleinen Schritten umher. Mareike muss immer sehr achtsam sein, um richtig zu reagieren! Außerdem hat Nettan ein empfindliches Maul und man muss sie mit sehr weicher Hand reiten. Das passt Mareike gut, denn auch Trassla musste sie mit leichter Hand führen. Bei Trassla hat Mareike gelernt, dass man einen Zügel niemals mit einer Rettungsleine verwechseln darf!

Mareike war sehr stolz, als sie Nettan zum ersten Mal reiten durfte. Karin, die Reitlehrerin, hat ihr vor der ersten Stunde mit Nettan erklärt: »Das Pferd braucht einen Reiter, der weiß, was er will. Dann geht sie gut vorwärts. Sie hat schon an vielen Turnieren teilgenommen und beherrscht sogar den fliegenden Galoppwechsel und andere schwierige Aufgaben.«

Es ist eine große Auszeichnung, dass Mareike Nettan reiten darf!

Alle sollen dabei sein

Es wird also tatsächlich ein Reiterfest geben! Schon am nächsten Tag hat Ulrika, die zweite Reitlehrerin des Vereins, einen Anschlag ans schwarze Brett gehängt:

> Im Sommer findet ein Reiterfest statt. Alle Reiter aus dem Fortgeschrittenenkurs treffen sich heute um drei Uhr!

Als Mareike und Sofia am Nachmittag im Reiterstübchen eintreffen, sind die anderen dort bereits versammelt: ungefähr zehn Mädchen, mit denen sie zusammen das Kleine Hufeisen gemacht haben. Und außerdem Andreas und Stefan, die seit langem in derselben Abteilung wie Mareike und Sofia reiten.

Björn, Karins Freund, ist der Sprecher des Reitvereins. Er erzählt, was er und Karin sich überlegt haben: »Eure Unterstützung ist uns ganz besonders wichtig, weil ihr schon das Kleine Hufeisen habt. Wir wollen mit dem Reiterfest nämlich Werbung für unseren Verein machen. Und deshalb wollen wir zeigen, was man hier alles lernen kann.«

Karin erklärt, was geplant ist. »Zuallererst einmal müssen wir alle sehr, sehr viel trainieren. Vieles können wir natürlich während der Reitstunden üben, aber einige Programmpunkte müssen extra einstudiert werden. Das wird für alle viel Arbeit.«

»Puuuh«, murmelt Sofia.

»Ist doch super!«, flüstert Mareike ihrer Freundin ins Ohr. »Dann können wir ganz viel reiten!«

Karin fährt fort: »Alle, die das Kleine Hufeisen haben, kriegen einen besonderen Auftrag. Ihr helft uns beim Einstudieren des Programms und bei allem, was sonst noch dazugehört. Auch die Kostüme, die Dekoration und der Pferdeschmuck müssen gebastelt werden. Es gibt wirklich viel zu tun und ohne eure Mithilfe schaffen wir das nie!«

Nun schaltet sich Ulrika ein: »Außerdem müsst ihr eure Eltern um Erlaubnis bitten, weil ihr bis zum Fest fast jeden Tag in die Reitschule kommen solltet. Ihr braucht unbedingt eine schriftliche Zustimmung von ihnen!« Sie blickt in die Runde und fragt dann streng: »Habt ihr das alle verstanden?«

»Na klar!«, murmeln einige der Mädchen. Auch Mareike nickt. Natürlich hat sie das verstanden. Aber Ulrika wird ja wohl nicht erwarten, dass jetzt alle sofort davonsausen. Schließlich gibt es noch viel zu bereden!

»Wir brauchen auch eure Hilfe bei der Planung«, sagt Björn. »Unser Programm soll richtig toll werden und dafür benötigen wir noch ein paar Superideen. Ich wette, ihr könnt alle irgendetwas, das für unser Programm nützlich ist: Wer ist zum Beispiel gut im Turnen? Wer kann schauspielern oder singen? Und wer hat Talent zum Clown? Je mehr Ideen ihr habt, desto schöner wird unser Programm. Setzt euch doch mal zusammen und denkt nach! Schreibt eure Ideen und Vorschläge auf und bringt sie am Sonntag mit. Dann wollen wir gemeinsam ein Programm aufstellen.«

Nach der Versammlung machen sich Mareike und Sofia gemeinsam auf den Heimweg. Sie wollen ein paar Ideen sammeln. Sofia sprudelt sofort los: »Quadrille, Pas de deux, Voltigieren, Cowboy und Indianer, Ritterturnier – eben alles, was wir schon einmal im Verein vorgeführt haben.«

»Vielleicht fällt uns ja noch was anderes ein?«, fragt Mareike. »Was richtig Besonderes?«

Sofia nickt nachdenklich. »Stimmt, wir müssen uns was Neues ausdenken. Etwas, das wir noch nie gemacht haben.«

Auch Mareike grübelt einen Moment. »Vielleicht ... Eine Freundin hat mir erzählt, dass sie in ihrem Verein ein Märchenspiel aufgeführt haben. Mit Pferden und Prinzen und Prinzessinnen und Zwergen ... Vielleicht können wir so etwas auch machen?«

»Spitze!« Sofia bleibt abrupt stehen und sieht Mareike begeistert an. »Das ist es: Wir führen ein Märchenspiel mit Pferden auf! Da können wir sogar die ganzen anderen Vorführungen mit einbauen, als Teil der Geschichte. Mareike, du bist ein Genie!« Sofia umarmt Mareike und schwenkt sie einmal rund, bis beide vor lauter Lachen in die nächste Hecke fallen.

Die Geschichte von Truddelutt

»Wir brauchen ein Drehbuch«, sagt Andreas. Er und Stefan sind von Mareikes Idee ganz begeistert.

»Ein Drehbuch??«

»Ja, ein Drehbuch. Da steht drin, wie alles abläuft, woran man denken muss, wie die richtige Reihenfolge ist und so weiter. Und daran müssen sich dann alle Beteiligten ganz genau halten.«

Andreas ist ungeheuer stolz, weil er so was weiß. Sein älterer Bruder Jan arbeitet schließlich beim Film. Und dort gibt es immer ein Drehbuch, damit alles funktioniert.

Mareike schreibt mit. Die anderen diktieren ihr alles, was ihnen einfällt, was passieren kann und wer bei dem Märchenspiel dabei sein soll. Alles, was sie bereits bei den vergangenen Vorführungen gemacht haben, und noch einiges mehr.

Mareike schreibt eifrig mit, aber nach eine Weile ruft sie: »Halt! Stopp! Was ist mit dem Märchen? Wir müssen doch ein Märchen daraus machen!« Mareike hat Angst um ihre schöne Idee.

Nun suchen alle nach Ideen für ein Märchen. Aber das ist nicht so einfach. Zunächst kommen die Vorschläge nur sehr zögerlich, doch dann fällt den vier Freunden immer mehr ein:

»Wie wäre es mit der Geschichte von einem kleinen Pony, das plötzlich spurlos verschwunden ist?«, fragt Stefan.

»Ja klar! Und die Kinder sind ganz traurig darüber und suchen überall nach ihrem Pony«, schlägt Sofia vor.

»Und dann kommen die Kinder zu einem Platz, auf dem eine Quadrille geritten wird. Dort fragen sie die Reiter und Pferde, ob sie das Pony gesehen haben ...«, führt Andreas die Geschichte fort.

»Anschließend reiten sie durch einen gefährlichen Räuberwald«, sagt Mareike.

»Dort können sie auch Cowboys begegnen ... und Indianern«, überlegt Stefan.

»Und sie treffen einen Ritter und sein Edelfräulein – bei einem Pas de deux!« Sofia klatscht begeistert in die Hände.

»Ja, genau!«, ruft Mareike. »Und die beiden haben das Pony gesehen und zeigen den Kindern die Richtung.«

»Am Schluss kommen die Kinder zu einem Schloss, in dem ein Prinz und eine Prinzessin wohnen.« Stefan strahlt seine Freunde an. »Die haben das Pony bei sich aufgenommen, weil es sich verlaufen hatte.«

Und dann gibt es ein großes Fest, an dem alle teilnehmen«, ergänzt Sofia die Geschichte.

Die vier Freunde sind so in Fahrt, dass sie sich immer wieder gegenseitig ins Wort fallen. Die Ideen für eine Ponygeschichte sprudeln nur so hervor.

»Mensch, wir brauchen doch noch einen guten Namen für das Pony!«, ruft Sofia plötzlich.

Daraufhin fliegen Pferdenamen durch die Luft – aber so recht gefällt den vieren keiner für ihr kleines Pony.

»Na ja, es muss ja kein richtiger Pferdename sein«, meint Stefan. »Nennen wir es doch einfach Truddelutt. Dann denken wir uns ein Truddelutt-Lied aus, das wir während des Märchenspiels singen.«

»Das finde ich gut«, stimmt Andreas zu. »Also heißt unser Märchenspiel: ›Die Suche nach Truddelutt‹.«

Mareike notiert alles sehr genau und alle vier unterschreiben den Plan. Morgen wollen sie ihn Ulrika geben! Sie sind gespannt, ob ihre Idee für das Reiterfest ausgewählt wird.

Das Märchenspiel nimmt Gestalt an

Am nächsten Tag trifft sich das Festkomitee – das sind Björn, Karin und Ulrika. Mareike und Sofia haben ihr Märchenspiel eingereicht und nun warten sie gespannt auf das Ergebnis. Ob ihre Idee angenommen wird?

Schließlich versammelt Karin die Mädchen um sich: »An Ideen herrscht wirklich kein Mangel! Toll, was ihr euch alles ausgedacht habt! Eure Vorschläge haben uns sehr gut gefallen, die meisten werden wir in unser Programm einbauen können. Ein ganz besonderes Lob aber an Sofia, Mareike, Andreas und Stefan: Die vier haben sich nämlich gleich ein ganzes Programm ausgedacht – und das wollen wir auch gerne umsetzen!«

»Juchhu!« Die vier Freunde wirbeln durch das Reiterstübchen. Ihre Idee ist tatsächlich ausgewählt worden!

Karin fährt fort: »Wir möchten auch, dass ihr vier in Zukunft mit im Festkomitee seid und bei allen Details mitentscheidet: zum Beispiel in welcher Reihenfolge die Szenen stattfinden sollen, welche Kostüme wir nehmen, wie die Kulissen aussehen und so weiter. Na, was sagt ihr dazu? Wollt ihr im Festkomitee mitmachen?«

Ins Festkomitee! Davon haben Mareike und Sofia kaum zu träumen gewagt. Wie die Wilden tanzen sie durch den Raum, bis sie schließlich ganz aus der Puste sind.

So ein großes Programm!

»Zuerst kommt ein Trompeter«, bestimmt Karin. »Er soll wie ein Page aus dem Mittelalter gekleidet sein. An seinem Hut trägt er eine große Feder und an der Trompete hängt ein besticktes Tuch mit Fransen. Wir müssen nur noch einen Jungen finden, der sowohl reiten als auch Trompete blasen kann.«

Das Programmkomitee sitzt zusammen und sortiert die Programmpunkte. Schließlich sollen all die tollen Ideen berücksichtigt werden!

Ulrika blättert in ihren Unterlagen: »Hier steht, dass ein Junge aus der Montagsgruppe Trompete spielen kann. Das hätten wir also! Björn, du bist dann der nächste Programmpunkt. Du begrüßt die Zuschauer und hältst eine kleine Rede. Dabei trägst du einen Frack, wie ein Zirkusdirektor.«

Björn nickt zufrieden und grinst. Ihm scheint diese Aufgabe gut zu gefallen.

»Und dann beginnt die Geschichte mit Truddelutt«, fährt Ulrika fort.

Jetzt kann Mareike endlich eine Frage stellen, die ihr schon die ganze Zeit durch den Kopf geht: »Wie merkt das Publikum eigentlich, dass Truddelutt verschwunden ist? Brauchen wir nicht einen Erzähler, der durch die Geschichte führt? Sonst verstehen die Leute vielleicht nicht, was wir spielen.«

»Truddelutt könnte ja alleine in die Halle kommen und dann durch die andere Tür wieder verschwinden«, schlägt Sofia vor.

»Ja, und während er durch die Halle geht, erklärt der Erzähler, dass Truddelutt ausgerissen ist«, fährt Mareike fort. »Und damit er auch wirklich wieder aus der Halle rausgeht, können wir ja jemanden an der Tür mit einem Eimer Hafer hinstellen.«

»Welches Pferd soll denn nun Truddelutt sein?«, fragt Stefan.

»Eigentlich kommen nur Kasper und Polly, die Shetlandponys, in Frage«, sagt Ulrika. »Alle anderen Ponys sind zu groß.«

»Björn, hast du nicht neulich von Leuten erzählt, die diese

Minipferdchen züchten?«, fragt Karin. »Das wäre doch genau das Richtige! Diese Ponys sind kaum größer als ein Schäferhund und sehen sehr niedlich aus. Wollen wir die Leute fragen, ob sie uns für die Vorstellung so ein Pferdchen ausleihen?«

Alle nicken begeistert und Karin bekommt sofort den Auftrag, sich darum zu kümmern.

»Dann muss alles Schlag auf Schlag gehen. Zack, zack«, sagt Björn. »Es dürfen keine langweiligen Pausen entstehen und das Publikum muss immer etwas zu gucken haben.«

»Sobald Truddelutt verschwunden ist, kommen die Kinder in die Halle und suchen ihn«, überlegt Ulrika. »Ach nein, das geht nicht. Die würden ihn ja noch um die Ecke biegen sehen.«

»Vielleicht könnten wir erst einmal eine Quadrille reiten?«, schlägt Mareike vor. »Und dazu das Truddelutt-Lied spielen, von dem du gesprochen hast, Stefan. Und anschließend kommen dann die Kinder rein und suchen das Pony.«

»Das Truddelutt-Lied nehmen wir am besten auf Kassette auf«, sagt Stefan. »Dann können wir es immer an den passenden Stellen abspielen.«

»Wer soll denn die Quadrille reiten?«, fragt Sofia. »Außerdem brauchen wir Kulissen, die zeigen, wo das Ganze stattfindet.«

»Die Quadrille müsste eigentlich auf einem Marktplatz geritten werden«, meint Björn. »Wir werden große Kulissenschilder mit Häusern bemalen, die dann von Kindern hereingetragen werden. Während der Quadrille stellen sich die Kinder mit den Schildern am Rand der Reitbahn auf. Das ergibt die perfekte Kulisse! Und am Ende der Szene gehen sie einfach wieder hinaus und kommen vor der nächsten Szene mit neuen Kulissen herein.«

Björns Vorschlag finden alle ganz hervorragend. So lösen sie das Kulissenproblem!

»Und wer soll nun die Quadrille reiten?«, wiederholt Sofia ihre Frage. Sie will endlich wissen, ob sie dabei sein darf.

»Ein paar aus eurer Abteilung sollten die Quadrille aufführen«, sagt Karin zu Mareike und Sofia. »Das können wir gut während der Reitstunden üben. Natürlich müsst ihr alle festlich gekleidet sein, mit tollen Hüten und leuchtenden Farben. Es soll wie im Zirkus aussehen.«

»Was steht denn als Nächstes auf der Liste? Was kommt nach der Quadrille?«, fragt Stefan.

Ulrika liest vor: »Quadrille – die haben wir schon eingearbeitet –, Clown, Pas de deux, Bonbonkinder, Voltigieren, Freiheitsdressur, Westernreiten, Ritter, Springen, Fahren und die Schlussszene im Schloss.«

»Oje, wie sollen wir das denn alles unterkriegen?«, fragen Mareike und Sofia wie aus einem Mund.

Der erste Unfall

Schon in der nächsten Reitstunde wird die Quadrille geübt. Sie sind zu sechst: Mareike, Sofia und vier andere aus ihrer Gruppe. Beim Reiterfest werden nur vier bei der Quadrille mitreiten. Aber falls eine krank wird, ist es besser, wenn die ganze Gruppe die Quadrille beherrscht. Jeweils zwei müssen beim Üben reihum aussetzen und reiten solange Schritt auf dem Hufschlag.

Die Quadrille soll auf einem großen Zirkel in der Mitte der Bahn geritten werden – beim Reiterfest wird dort die ›Manege‹ sein. Karin hat den Manegenrand mit Strohballen markiert, damit die Reiter gleich von Anfang an ein Gefühl dafür kriegen, wie klein so eine Manege ist.

An der langen Seite der Reithalle, hinter der Bande, befindet sich eine kleine Zuschauertribüne. Heute sitzen dort viele neugierige Zuschauer: Die Kinder aus den Anfängergruppen wollen wissen, wie eine Quadrille geritten wird.

»Das Wichtigste ist, dass ihr gut aufeinander achtet«, erklärt Karin den Reiterinnen. »Ihr müsst immer den richtigen Abstand zu dem Paar vor euch halten und genau neben eurem Partner reiten.«

Sie reiten Volten und Schlangenlinien. Mareike und Sofia sind ein Paar. Das sieht schön aus, weil sich ihre Pferde so ähnlich sind. Das nächste Paar sind zwei Braune, das dritte Paar zwei Schimmel. Nachdem die erste Übung fertig ist, reiten Mareike und Sofia auf den Hufschlag.

Plötzlich ertönt Lärm von der Tribüne. Einige der kleineren Mädchen streiten sich um einen Platz in der ersten Reihe. Man sieht nämlich nicht so viel, wenn man zu weit hinten sitzt! Karin ermahnt sie, ruhig zu sein. Aber die Mädchen scheinen die Reitlehrerin nicht zu hören. Madita beugt sich weit über die Bande und klammert sich fest, damit sie nicht von ihrem Platz verdrängt werden kann. Doch die gleichaltrige Kerstin versucht immer wieder sich vor Madita zu drängeln.

»Jetzt mach doch mal Platz, ich will auch was sehen!«, ruft sie und knufft ihre Freundin Madita heftig in die Seite.

Mareike schielt hinauf zur Tribüne. Ausgerechnet jetzt muss sie mit Nettan daran vorbeireiten. Nettan wird auch tatsächlich unruhig, der Lärm stört sie. Und dann passiert es: Madita fällt hinunter.

»Hilfe!«, kreischt sie und versucht verzweifelt sich an der Bande festzuklammern.

»Neeiin!«, brüllt Kerstin und will ihre Freundin an den Füßen festhalten.

»Ohhhhh!«, quietschen all die anderen kleinen Mädchen auf der Tribüne.

Madita fällt kopfüber hinunter, plumpst auf Nettans Kruppe und landet schließlich im Sägemehl.

Nettan ist panisch vor Schreck. Für ein Pferd ist es fast das Schlimmste, was passieren kann – wenn etwas unerwartet auf seinen Rücken fällt. Nettan macht einen Riesensatz, Mareike fliegt hoch in die Luft und fällt mit einem gewaltigen Stoß auf den Rücken. Nettan buckelt mit wilden Bocksprüngen durch die Halle, zwischen den anderen Pferde hindurch, über die Strohballen hinweg und galoppiert kopflos bis ans andere Ende der Halle. Dann bleibt sie plötzlich stehen. Nun fangen auch die anderen Pferde an zu buckeln – einige Reiter werden abgeworfen, andere können ihre Pferde gerade noch im Zaum halten.

Madita sitzt heulend auf dem Boden. Aber Mareike liegt ganz still da.

Karin ruft laut nach Ulrika, die im Stall ist, und läuft dann schnell zu Mareike. Das Mädchen sieht beängstigend bleich und sehr seltsam aus. Sie atmet nicht. Endlich kommt auch Ulrika.

»Atemstillstand«, sagt Karin kurz und hebt Mareikes Arme hoch. Ulrika nimmt ihr den Reithelm ab und legt die Hand in Mareikes Nacken, so dass der Hals gestreckt ist und das Kinn nach oben zeigt.

»Wir müssen sie beatmen«, sagt Ulrika, als Mareike sich immer noch nicht regt und auch nicht atmet.

Sie hält Mareikes Nase zu, öffnet ihren Mund, holt tief Luft und bläst dann kräftig in Mareikes Mund. Luftholen, beatmen. Luftholen, beatmen. Und dann endlich bewegt und atmet Mareike wieder selbstständig. Eigentlich ging es sehr schnell, aber es kam allen wie eine Ewigkeit vor.

Karin geht zu Madita, die immer noch heulend auf dem Boden sitzt. Ulrika bleibt bei Mareike. Sofia hat Tuttan einem anderen Reiter anvertraut und kommt angerannt.

»Was ist denn los?«, fragt sie ängstlich. »Ist sie schlimm verletzt?«

»Nein, nein, es besteht keine Gefahr mehr«, sagt Ulrika tröstend. »Mareike ist die Luft weggeblieben, als sie so hart auf den Boden aufgeschlagen ist. Wir mussten ihren Lungen ein bisschen nachhelfen, damit sie wieder funktionierten.«

Mareike erholt sich schnell wieder und sieht sich erstaunt um. »Was ist denn eigentlich passiert?«

Madita schreit auf, als Karin ihr beim Aufsetzen helfen will. Die Schulter, auf die sie gefallen ist, sieht seltsam verrenkt aus. Karin bittet Ulrika, einen Notarzt zu rufen. Dann hilft sie Madita hoch und bringt sie in ihr Büro. Kurze Zeit später kommt der Notarzt und Karin begleitet Madita ins Krankenhaus.

Als Karin zurückkommt, berichtet sie, dass Maditas Schultergelenk ausgerenkt und das Schlüsselbein gebrochen ist. Sie muss schreckliche Schmerzen gehabt haben. Der Notarzt hatte auch Mareike untersucht. Aber bei ihr war zum Glück alles wieder in Ordnung.

»Wer hat Madita gestoßen? Hat jemand etwas gesehen?« Karin sieht sich fragend um.

Alle schütteln den Kopf. So genau hat das niemand beobachtet. Aber als Mareike in Nettans Box kommt, findet sie dort ein heulendes Häufchen Elend. Kerstin! Sie versucht das Mädchen zu trösten und bringt sie zu Karin ins Büro. Die Reitlehrerin nimmt die Kleine liebevoll in die Arme. Kerstin zittert am ganzen Körper. Sie hat ganz offensichtlich einen Schock erlitten.

»Nun komm, es ist gar nicht so schlimm. Deiner Freundin geht es bald wieder besser und wir wissen doch, dass du das nicht gewollt hast.« Karin tröstet das Mädchen und bald hat sich Kerstin wieder beruhigt.

»Tja, wenn man übereifrig ist oder nicht aufpasst, ist man manchmal von den Folgen überrascht. Das haben wir den Pferden

voraus – sie wissen vorher nie, was passieren wird. Wir Menschen können uns das meist ausrechnen. Du hast heute etwas gelernt und in Zukunft denkst du vorher nach – und nicht erst hinterher. Okay?«

Kerstin nickt und murmelt ein fast lautloses »Ja«.

»Morgen kannst du Madita bestimmt besuchen und um Verzeihung bitten. Aber sei vorsichtig, wenn du sie umarmst!«, sagt Karin und lächelt Kerstin an, deren Gesicht noch ganz fleckig von den Tränen ist.

Wer kann Kulissen malen?

»Wer kann denn gut malen?«, fragt Björn.

»Andreas!«, rufen alle wie aus einem Mund. »Seine Zeichnungen werden in der Schule immer aufgehängt.«

Andreas tut so, als würde das viele Lob ihn verlegen machen. Aber er grinst doch ganz schön selbstsicher.

Björn nickt zufrieden und beauftragt Andreas, die Schilder für die Kulisse zu malen. Andreas darf sich aussuchen, wer ihm helfen soll. Gut, dass der Speicher so geräumig ist, da haben jede Menge Kulissenmaler Platz.

Aber es sind auch ganz schön viele Plakate, die gemalt werden müssen: die Häuser rund um den Marktplatz, auf dem die Quadrille geritten wird, ein Park mit vielen Sträuchern und Bäumen, in dem der Pas de deux aufgeführt werden soll, und das kleine Dorf mit Marktplatz und Marktbuden. Außerdem der Platz zum Voltigieren, die Wiese, auf der die Freiheitsdressur geplant ist, nicht zu vergessen eine Lichtung im Wald für die Cowboys und Indianer und die Ritterburg als Hintergrund für das Ritterturnier. Und natürlich das Schloss für die Schlussszene!

Das Programmkomitee überlegt, was gebraucht wird, und Andreas schreibt eine ellenlange Liste. Er stöhnt leise. Aber man sieht, dass er sich auch über die verantwortungsvolle Aufgabe freut!

»Ich besorge das Material für die Schilder und bringe Farben und Pinsel mit«, sagt Björn. »Karin, kannst du bei den Eltern um Hilfe bitten? Wir brauchen dringend noch Leute, die beim Nähen der Kostüme helfen.«

Die Bibliothek ist eine Goldgrube

Nach der Schule geht Mareike noch kurz in der Stadtbücherei vorbei. Sie möchte ein paar ausgeliehene Bücher zurückgeben. Doch in der Bibliothek erlebt sie eine Überraschung: Andreas und einige Mädchen aus ihrer Reitgruppe sitzen um einen Tisch herum und haben einen riesigen Berg Bücher vor sich. Es wird geflüstert und gemurmelt, geblättert und gezeichnet. Bücher, Stifte und Blöcke sind kreuz und quer über den Tisch verteilt. Mareike nähert sich neugierig ihren Freunden.

Als Andreas sie entdeckt, begrüßt er sie freudig: »Hallo, Mareike! Gut, dass du kommst! Wir suchen gerade nach Kostümen für das Ritterturnier.«

»Habt ihr denn schon ein Kostüm für die Quadrille gefunden?«, fragt Mareike.

»Ja«, antwortet ein Mädchen aus Mareikes Reitgruppe. »Wir ziehen Blusen mit einer Halskrause an, ungefähr so wie die hier.« Sie zeigt auf eine Zeichnung. »Außerdem tragen wir weite Kniebundhosen und weiße Strümpfe. Und auf dem Kopf so eine Art große Baskenmütze mit Federn – Barett nennt man das.«

Mareike sieht sich die Zeichnung an. Die Blusen haben breite blaue Streifen und auch die Hosen sind leuchtend blau.

»Wir können ja alte Herrenhemden nehmen und dicke blaue Streifen drauf malen«, schlägt sie vor.

»Das ist eine klasse Idee!«, ruft Andreas begeistert.

»Und als Hosen nehmen wir alte Schlafanzughosen und färben sie ein. Vielleicht kriegen wir welche von unseren Vätern. Die sind dann schön pludrig.«

Mareike blättert begeistert in den Büchern. Sie stecken voller Anregungen für das Märchenspiel und die Abbildungen sind wunderschön. Was für Kleider und Trachten man doch zur Zeit der Ritter trug!

»Aber wo kriegen wir denn die Federbüsche für die Hüte und die Pferde her?«, fragt Mareike.

»Die basteln wir mit Federn und Draht«, sagt ein Mädchen. »Guck, hier in dem Buch ist sogar erklärt, wie das geht.«

Mareike ist von den Ideen und Plänen sehr beeindruckt. Sobald sie zu Hause ist, will sie ihre Eltern fragen, ob sie ein altes Hemd und eine Schlafanzugshose bekommen kann. Sie verabschiedet sich von den anderen und macht sich schnell auf den Heimweg.

Annika, Ulla und Lena

Als Mareike am Nachmittag in den Reitstall kommt, stürmt ihr Sofia aufgeregt entgegen.

»Hast du schon gehört?« Sofia will ihre Neuigkeit unbedingt loswerden: »Annika, Ulla und Lena sollen die Kinder spielen, die nach Truddelutt suchen!«

»Das ist ja klasse!«, freut sich Mareike. »Dann spielen ja alle aus unserer Abteilung mit.«

»Ja, die suchenden Kinder sind ja auch eine sehr wichtige Rolle. Schließlich sind die drei in allen Szenen dabei, sie müssen Fragen stellen und manchmal richtig Theater spielen«, sagt Sofia.

»Stimmt, eigentlich sind sie zusammen mit Truddelutt die Hauptpersonen des Märchenspiels! Ob Jenny und Malin dann die Quadrille mitreiten dürfen?«, fragt Mareike. »Und hat Karin auch schon gesagt, wie sie sich diese Szene vorstellt?«

Sofia schüttelt den Kopf. »Nööö. Aber ich denke, dass wir am Ende der Quadrille paarweise aufmarschieren und dann die Kinder zu uns kommen. Sie fragen unsere Pferde nach Truddelutt und wir ziehen so an den Zügeln, dass die Pferde die Köpfe schütteln. Das sieht dann so aus, als wollten sie sagen, dass sie Truddelutt nicht gesehen haben.«

»Was für eine tolle Idee!«, staunt Mareike.

»Und noch was: Karin hat erzählt, dass wir ein Minipferdchen ausgeliehen bekommen. Wir haben also einen Truddelutt!«

Die Hauptrolle spielen die Pferde

»Was meinst du, Sofia, sollen wir den Pferden für die Quadrille Mähne und Schweif einflechten?«, fragt Mareike. Sie steht in Nettans Box und kämmt ihr die Mähne. Dann probiert sie verschiedene Flechttechniken aus. »Wir könnten die Mähne zu kleinen Knoten flechten.«

»Nee.« Sofia schüttelt den Kopf. »Ich finde es viel schöner, wenn die Mähne wie ein Netz aussieht und über den Hals fällt«,

meint sie und zeigt Mareike, wie sie es sich vorstellt. »Und zwischendrin flechten wir kleine Rosetten ein.«

»Ja, genau! Und die Rosetten haben die gleiche Farbe wie die Federbüsche. Das sieht sicher toll aus!«, ruft Mareike begeistert.

»Natürlich müssen alle Pferde bei der Quadrille gleich aussehen«, fährt Sofia fort.

»Ungefähr so.« Mareike hat bereits ein Stück von Nettans Mähne eingeflochten und Sofia begutachtet Mareikes Werk.

»Ja, das sieht wunderschön aus«, sagt sie zufrieden. »Und den Schweif flechten wir natürlich auch ein. Weißt du, wie das geht?«

»Nein, aber bestimmt hilft uns Ulrika dabei.«

Die Bonbonkinder

Auf die Quadrille soll die Szene mit den Bonbonkindern folgen. Mareike und Sofia haben die Aufgabe bekommen, die Szene mit den Kindern einzustudieren.

Die Szene findet auf einem Marktplatz mit vielen Marktbuden statt. In einer der Buden steht ein Mädchen und verkauft Süßigkeiten. Sie ruft: »Kommt alle her und kauft Bonbons!«

Daraufhin kommen hinter den Marktbuden die Bonbonkinder hervor. Sie sind als bunte Bonbons verkleidet und reiten auf Steckenpferden in die Manege. Ulrika hat alle kleinen Kinder und kleinen Geschwister für diese Szene zusammengetrommelt. Daher wimmelt es in der Manege nur so von Kindern, die auf ihren Steckenpferden herumgaloppieren.

»Oh nein! Sieht das chaotisch aus!«, ruft Sofia entsetzt.

»Die Bonbonkinder sollten in einer Spirale in die Manege hineinreiten«, schlägt Mareike vor. »Sie kommen in einer langen Reihe herein, laufen erst am Rand der Manege entlang und dann kreisförmig immer weiter in die Manegenmitte. Die anderen folgen hinterher, immer ringsum, wie wenn man Wolle aufwickelt. Und zum Schluss ist die Manege proppenvoll.«

»Dann müssen wir uns aber auch etwas überlegen, wie wir die Spirale wieder auflösen«, sagt Sofia skeptisch. Die vielen kleinen Kinder machen sie ganz nervös.

»Klar!«, antwortet Mareike fröhlich. »Lass es uns doch einfach mal ausprobieren. Also los!«

Mareike und Sofia lassen die Kleinen in die Manege galoppieren und eine Spirale bilden. Die Kinder tragen natürlich noch keine Kostüme, und statt Steckenpferden haben sie einfach nur lange Stöcke in der Hand. Nach einigen Versuchen klappt es schon ziemlich gut. Doch dann soll die Spirale wieder aufgelöst werden.

»Nein, nein! So geht das nicht! Ihr müsst einander Platz machen!«, ruft Mareike in das Gewirr von Kindern und Steckenpferden hinein. »Jetzt reitet mal paarweise!«

Die Kinder stellen sich paarweise auf und die lange Schlange wird schon merklich kleiner.

»Ja, gut so! Und nun teilen wir die Schlange in der Mitte und ihr kommt von zwei Seiten hinter der Bude hervor. Im Galopp.«

Mareike und Sofia zeigen den Kindern, wie die beiden Reihen vor der Manege aufeinander treffen und dann gemeinsam die Spirale reiten. Sie wiederholen es mehrere Male.

»Wenn wir noch ein bisschen üben, wird das richtig gut«, murmelt Mareike zufrieden. »Nur ... wie machen wir es mit den Kindern, die nach Truddelutt suchen?«

Mareike und Sofia überlegen ein bisschen hin und her und beschließen dann, dass sich die Bonbonkinder am Manegenrand aufstellen sollen.

»Die suchenden Kinder laufen in die Mitte der Manege«, sagt Sofia, »und fragen die Pferde, ob sie Truddelutt gesehen haben. Dann schütteln die Steckenpferde alle gleichzeitig den Kopf – genauso wie die richtigen Pferde. Das sieht bestimmt gut aus.«

Satteldiebe unterwegs!

Als Mareike am nächsten Tag zur Reitstunde kommt, herrscht im Stall große Aufregung. Alle stehen in Grüppchen zusammen und reden wild durcheinander. Was ist bloß passiert?

Es dauert eine ganze Weile, bis Mareike versteht, was los ist: In die Sattelkammer ist eingebrochen und die sechs besten Sättel sind gestohlen worden!

Karin läuft hektisch durch die Stallgasse und rauft sich die Haare. Sie ist verzweifelt. Denn es waren eingerittene Sättel, die den Pferden wie angegossen gepasst haben. Sowohl Nettans als auch Tuttans Sattel ist gestohlen, und auch die beiden Braunen, die in der Quadrille mitgehen sollen, haben keine Sättel mehr.

Karin erklärt Mareike, dass es immer sehr lange dauert, bis die Versicherung so einen Schaden ersetzt. »Bis dahin können wir keine neuen Sättel kaufen. Und das ausgerechnet jetzt, so kurz vor dem Reiterfest!«

»Gibt es denn keine Chance, dass die Polizei die Diebe fängt?«, fragt Mareike.

»Nein, wohl nicht.« Karin schüttelt den Kopf. »Die Polizei weiß nicht, wo sie mit der Suche anfangen soll.«

»Was wird denn dann aus unserer Quadrille?«, fragt Sofia, die soeben hinzugetreten ist. »Und überhaupt aus dem Reiterfest? Es sind doch nur noch ein paar Wochen bis dahin!«

»Da müssen wir uns eben etwas einfallen lassen.« Karin lächelt die Mädchen etwas mutlos an. »Die Quadrille üben wir jetzt erst mal ohne Sattel.«

»Neeiin, Hilfe!«, ruft Mareike entsetzt. Sie weiß, wie schwierig es ist, die komplizierten Quadrillefiguren ohne Sattel zu reiten.

In der Reitstunde haben Mareike und ihre Freundinnen dann auch schwer zu tun. Mareike ist nicht die Einzige, die auf dem Rücken ihres Pferdes herumrutscht und sich immer wieder an der Mähne festhalten muss.

»Denkt an euren Schwerpunkt! Der sollte genau über dem des

Pferdes liegen, damit ihr das Gleichgewicht halten könnt«, sagt Karin immer wieder. »Nicht anspannen! Schön locker sitzen. Mareike, versuch deine Gesäßknochen zu spüren – genauso, wie wenn du im Sattel sitzt.«

Die Gruppe übt, bis alle ein sicheres Gleichgewichtsgefühl haben. Dann beginnen sie mit der Quadrille. Karin ist heute sehr streng. Unaufhörlich korrigiert sie die Mädchen. Die Wendungen müssen ordentlich geritten werden und die Pferdepaare sollen im gleichen Takt gehen. Wenn Nettan und Tuttan bloß nicht so unterschiedlich lange Schritte machen würden. Ohne Sattel ist das gar nicht so leicht zu korrigieren. Aber immerhin haben die beiden Pferde ihre Nasen immer auf gleicher Höhe!

Die ganze nächste Woche wird geübt. Es wird fleißig genäht, geschreinert und gemalt. Und Kostüme anprobiert. Alle helfen sich gegenseitig, wo sie nur können. Und wenn die Mädchen mal nichts zu tun haben, sitzen sie auf der Tribüne in der Reithalle und schauen den anderen beim Training zu.

Bei allen steigt die Aufregung, je näher das Fest rückt. Doch immer noch gibt es keine Nachricht von der Polizei. Karin ist darüber sehr unglücklich.

Regenschirmbäume

Der Reitverein bietet regelmäßig Kurse für behinderte Reiter an. Auch sie sollen bei dem Reiterfest mitmachen. Heute wird die Szene mit ihnen geübt und Mareike und Sofia sind beim Training dabei. Die Reiter sollen um einige ›Bäume‹ herumreiten.

Die Bäume werden von Mädchen gespielt. Sie tragen aufgespannte Regenschirme, über denen große grüne Tücher hängen. Das untere Ende der Tücher haben sich die Mädchen um den Bauch geknotet. Außerdem tragen sie alle braune Hosen. So sehen sie fast wie echte Bäume aus! Bäume in der Reithalle – das ist für alle ein ungewohnter Anblick. Das finden auch die Ponys, als sie hereinkommen.

Mareike und Sofia haben alle Hände voll zu tun, Ordnung zu schaffen und gleichzeitig den Reitern zu helfen. Eines der Mädchen ist blind und ängstlich, weil sie nicht sehen kann, was um sie herum geschieht. Als ihr Pony die Regenschirmbäume sieht, erschrickt es und das blinde Mädchen rutscht fast aus dem Sattel. Zum Glück ist Mareike zur Stelle. Sie beruhigt das Pony und erklärt dem Mädchen, warum sich ihr Pferd erschrocken hat.

Dann sollen die Ponys auf die Bäume zugehen und daran schnuppern, damit sie verstehen, dass sie nicht gefährlich sind. Dabei bewegen sich die Bäume ein bisschen hin und her. Bald haben sich die Ponys daran gewöhnt und das Training kann weitergehen. Die Gruppe reitet in einer großen Acht um die Bäume herum.

Für viele der behinderten Reiter ist das eine sehr knifflige Aufgabe, denn sie sitzen sonst immer im Rollstuhl und haben nie gelernt, das Gleichgewicht zu halten. Die meisten haben schwache Muskeln und einige sind total verspannt. Aber alle sind gewohnt zu reiten und nach einer Weile klappt die Übung reibungslos.

Dann kommen die suchenden Kinder in die Halle. Sie gehen zwischen den Ponys hindurch und fragen nach Truddelutt. Kasper, eines der Shetlandponys, nickt. Dazu kann man ihn leicht bringen, wenn man kurz am Zügel zieht und dabei die Hand etwas hebt. Die suchenden Kinder deuten in Richtung Hallentor und rennen hinaus.

Freiheitsdressur

»Los, kommt! Lasst uns Karin bei der Freiheitsdressur zuschauen!«, ruft Annika Mareike und Sofia zu, die bei ihren Ponys stehen und miteinander quatschen. Die beiden folgen Annika auf die Tribüne. Ulla und Lena sind bereits dort.

Sechs Pferde hat Karin für die Freiheitsdressur ausgesucht. Sechs mittelgroße, braune Pferde mit schwarzer Mähne und schwarzem Schweif. Sie haben einen weißen Gurt umgeschnallt, an dem die Zügel befestigt sind. Zwei der Pferde tragen einen rot-

weißen Federbusch. Sie sehen richtig edel aus! Beim Fest werden natürlich alle mit Federbüschen geschmückt sein.

Karin knallt mit der Peitsche und schnalzt mit der Zunge. Die Pferde springen in den Galopp. Dann knallt Karin wieder mit der Peitsche. Diesmal halten alle Pferde an, drehen sich um die Hinterhand und gehen in die andere Richtung. Als Karin noch einmal mit der Peitsche knallt, wechseln die Pferde erneut die Richtung.

Mareike und ihre Freundinnen oben auf der Tribüne sind sehr beeindruckt. Dass die Pferde Karin so gehorchen! Sie hat bestimmt viel mit ihnen geübt, vormittags, wenn die Mädchen in der Schule waren.

Die Pferde tanzen kleine Volten auf dem Zirkel, traben und galoppieren abwechselnd, halten an, wenden und stehen mit der

Vorderhand auf dem Manegenrand. Zum Schluss ruft Karin sie in die Mitte der Manege und jedes bekommt ein Leckerli.

Ulrika öffnet den Ausgang zum Stall hin und die Pferde gehen hinaus. Gleichzeitig trabt Lillen, das Palomino-Pony, herein. Karin hebt die Peitsche und Lillen kommt ihr auf der Hinterhand entgegen. Als er vor ihr steht, verbeugt er sich vor Karin. Lena, deren Lieblingspony Lillen ist, sieht gespannt zu. Sie ist nervös, aufgeregt und stolz zur gleichen Zeit.

»So, jetzt kommen die suchenden Kinder herein«, sagt Karin und schaut zu den Mädchen auf der Tribüne. »Und führt bitte Lillen wieder in seine Box, wenn ihr rausgeht.«

Anschließend trainiert Mareike mit den Bonbonkindern. Viele haben ihre Kostüme fertig und die Reithalle sieht wie eine ausgekippte Bonbontüte aus.

Die meisten Steckenpferde sind ebenfalls fertig, die Zügel bestehen aus bunten Stricken oder Wäscheleinen. Die Mähnen flattern lustig, wenn die Kinder galoppieren.

Fast alle beherrschen ihre Rolle und machen kaum noch Fehler. Es ist aber auch höchste Zeit, denn vor der großen Generalprobe gibt es nur noch eine einzige Probe! Beim letzten Training müssen alle ihre Kostüme und Steckenpferde mitbringen.

Aber eine große Sorge bleibt: Die sechs Sättel sind noch immer nicht wieder aufgetaucht! Die Polizei hat nach wie vor keine Spur von den Dieben gefunden.

Hinkebein Andreas

»Ja, Andreas, was ist denn mit dir passiert?« Ulrika sieht nicht gerade erfreut aus, als Andreas ihr in der Stallgasse entgegengehumpelt kommt. »Bist du ein Hinkebein?«

»Hinke... was?«, fragt Andreas ärgerlich. Er ist sauer, weil er glaubt, dass sich Ulrika über ihn lustig macht. Er findet das gar nicht komisch.

»Hinkebein. Das ist einer, der so hinkt wie du. Was ist denn passiert?«, will Ulrika wissen.

»Lord ist mir auf den Fuß gestiegen, hier in der Stallgasse. Und als ich versucht habe ihn runterzuschieben, hat er auch noch nachgetreten«, erzählt Andreas empört. Lord ist bestimmt das größte und stärkste Pferd im Stall, er wiegt mehr als 600 Kilogramm. »Der ist echt tonnenschwer! Es hat ganz schön wehgetan!«, sagt Andreas und sieht seinen Fuß an. Er trägt Gummistiefel.

Oje, das ist nun schon der dritte Unglücksfall! Wie soll das mit dem Reiterfest nur klappen? Schließlich wollte Andreas den Pas de deux mitreiten und alle Kulissenschilder bemalen.

»Komm mit ins Büro, ich seh mir das mal an«, sagt Ulrika. »Ich helfe dir.«

Ulrika stützt Andreas und bringt ihn ins Büro. Andreas setzt sich auf einen Stuhl und Ulrika zieht ihm den Stiefel aus. Das geht nicht gerade einfach.

»Aua!« Andreas zuckt zusammen und zieht den Fuß zurück, aber Ulrika lässt nicht locker.

»Es ist wichtig, dass wir den Stiefel jetzt ausziehen«, erklärt sie. »Wenn der Fuß weiter anschwillt, müssen wir den Stiefel womöglich aufschneiden.« Ulrika versucht es noch einmal, sehr vorsichtig. Und dann ist der Stiefel endlich runter, auch wenn Andreas flucht und vor Schmerzen schreit. Ulrika zieht ihm den Strumpf aus: Oje! Der Fuß ist schon ganz dick geworden.

»Da hilft nichts: Wir müssen dich zum Arzt bringen«, beschließt Ulrika.

Im Krankenhaus wird Andreas gut versorgt. Der Arzt erklärt ihm, dass der Fuß noch stärker anschwellen und dabei ganz blau werden wird. Er legt eine Bandage an und gibt Andreas Tabletten, die er nehmen soll, wenn die Schmerzen zu schlimm werden. Zum Schluss kriegt Andreas noch ein Paar Krücken, denn er darf den Fuß ein paar Tage lang nicht belasten.

»Na ja, Schilder kann man auch im Sitzen bemalen«, brummelt Andreas vor sich hin. »Und eigentlich ...«, überlegt er weiter, »... belaste ich den Fuß ja auch nicht, wenn ich auf dem Pferd sitze.«

Ulrika staunt ganz schön, als Andreas am nächsten Tag schon wieder da ist und sogar den Pas de deux übt. Da Lord ihn auf den rechten Fuß getreten hat, macht es Andreas keine Schwierigkeiten, sich mit dem linken Fuß in den Sattel und aufs Pferd zu schwingen.

Malin ist die Dame beim Pas de deux. Sie hat ihr rotes Haar in einen dicken Zopf geflochten, trägt ein grünes Kostüm mit langem Rock und reitet im Damensattel. Andreas trägt einen Zylinder, ein Hemd mit Krause, ein langes Jackett und enge Hosen. Die kann er im Moment nicht über seinen Verband ziehen. Aber er hofft, dass das bis zur Generalprobe wieder klappt!

Bei dem Pas de deux reiten die beiden ein Dressurprogramm und machen dabei alles gleichzeitig. Das ist gar nicht so einfach, weil Andreas seinen rechten Schenkel noch nicht wieder richtig einsetzen kann.

Malin hat das Programm auswendig gelernt und viele Male im Kopf wiederholt. Jetzt kann sie es, ohne auch nur darüber nachdenken zu müssen. Sie reitet gut und bringt ihr Pferd dazu, sich die ganze Zeit nach dem von Andreas zu richten.

Die Kulissenschilder für diese Szene stellen einen herrschaftlichen Park dar. Wenn die Sache mit Andreas' Fuß nicht wäre, dann wäre das eine prächtige Szene.

Vielleicht kommen wir ins Fernsehen!

»Wir müssen prüfen, ob unser Programm nach Plan verläuft«, sagt Andreas, als sich das Komitee das nächste Mal trifft. »Mein Bruder Jan hat sich unser erstes Drehbuch angesehen und es gefällt ihm so gut, dass er vielleicht das ganze Reiterfest filmen will. Aber er hätte vorher gern ein genaues Programm.« Man merkt, wie stolz Andreas ist, auch wenn er versucht, es sich nicht anmerken zu lassen.

»Filmen? Du meinst, er will es auf Video aufnehmen?«, fragt Björn, als sich die erste Verwunderung gelegt hat.

»Ja, klar. Aber nicht mit so einer Amateurkamera. Mein Bruder ist schließlich Profi und hat eine Ausrüstung, mit der er fürs Fernsehen arbeitet.«

»Na, immer schön langsam!«, wiegelt Björn ab. »Wir sind noch lange nicht im Fernsehen. Da muss vorher alles sehr genau geplant werden. Ich schlage vor, wir treffen uns mal mit deinem Bruder und besprechen das. Was ist zum Beispiel mit der Beleuchtung? Er braucht bestimmt starke Schweinwerfer und ich weiß nicht, wie die Pferde darauf reagieren. Außerdem: Selbst wenn der Film gut wird, heißt das noch lange nicht, dass wir tatsächlich ins Fernsehen kommen.«

Andreas verspricht, dass sein Bruder Björn anrufen wird, damit die beiden alles besprechen können. Dann gehen sie das ganze Programm noch einmal durch.

»Wer ist der Clown und wann kommt er dran?«, fragt Stefan.

»Da kümmere ich mich drum«, sagt Ulrika. Alle sehen sie erwartungsvoll an, aber sie sagt nicht mehr dazu.

»Wer?«, bohren Mareike und Stefan weiter. Jetzt sind sie erst recht neugierig geworden.

Aber Ulrika bleibt stur und wiederholt nur: »Ich kümmere mich darum.«

»Und wer schreibt das Truddelutt-Lied?«, fragt Sofia.

»Bis jetzt noch keiner«, antwortet Björn. »Aber ein Freund von mir kann so etwas komponieren. Den frage ich mal.«

Tonbandgerät, festliche Musik, Märsche und Walzer, Beleuchtung, Spotlights, Mikrofon für den Sprecher, Lautsprecher – puh, so viel Technik! Zum Glück kennt sich Stefan damit aus und hat Freunde, die ihm helfen wollen. Er verspricht, dass bis zur Generalprobe für Beleuchtung und Tontechnik gesorgt ist.

»Und wer macht den Sprecher?«, will Mareike wissen.

»Das muss jemand sein, der eine gute Stimme hat«, findet Sofia. »Wollen wir nicht mal Gunnar fragen? Der macht so was doch oft bei Turnieren.«

Alle halten das für eine gute Idee und Sofia will Gunnar noch heute Abend anrufen.

»An einen ganz wichtigen Punkt haben wir noch gar nicht gedacht!«, ruft Ulrika plötzlich. »Wie machen wir Werbung für unser Reiterfest?«

»Wir laden möglichst viele Journalisten ein und vielleicht schicken wir auch dem Bürgermeister eine Einladung. Und nächste Woche setzen wir eine Anzeige in die Zeitung«, sagt Björn. »Wir wollen ja mit dem Fest auch Geld verdienen, also müssen möglichst viele Eintrittskarten verkauft werden.«

»Vergiss das Radio nicht!«, wirft Karin ein.

»Können wir nicht in den Geschäften Anschläge anbringen und für unser Reiterfest werben?«, fragt Mareike.

»Gut. Noch mehr Ideen?« Ein paar Vorschläge werden noch besprochen und ein paar auch verworfen.

Aber dann hat Karin eine Superidee: »Wie wär's, wenn wir eine Parade durch die Stadt machen? Mit Schildern und Plakaten und Trompeten?« Alle sind begeistert.

»Gut«, sagt Björn. »Aber zuerst fragen wir beim Ordnungsamt, ob wir das auch dürfen.«

Kribbeln im Magen

Nur noch eine Woche bis zum Reiterfest, und noch immer sind die gestohlenen Sättel nicht wieder aufgetaucht! Da für die Aufführung unbedingt welche benötigt werden, fragt Karin bei einem befreundeten Reitverein, ob sie vielleicht welche verleihen können. So kommen wenigstens ein paar Sättel zusammen.

Die Polizei berichtet Karin von einem weiteren Satteldiebstahl, aber auch dort hat die Polizei noch keine Spur von den Tätern.

Am Donnerstag soll die Parade durch die Stadt stattfinden, freitags die Generalprobe und am Samstag und Sonntag die Vorstellungen! Hilfe, wenn das bloß alles klappt! Mareike und Sofia gehen jeden Tag direkt von der Schule in den Reitstall und bleiben dort bis in den späten Abend. Alle Hände werden gebraucht, damit alles fertig wird. Und es gibt so viel, an das man denken muss!

Die Voltigiergruppe übt das letzte Mal vor der Generalprobe. Sechs Mädchen reiten mit, sie sind verschieden alt. Die Kleinste von ihnen ist als Zirkusprinzessin verkleidet und trägt ein Tüllröckchen. Niedlich sieht sie aus! Die anderen tragen Gymnastikanzüge, jede in einer anderen Farbe. Lord – der Tölpel, der auf Andreas' Fuß getreten ist – ist das Voltigierpferd. Er hat einen breiten Rücken und geht ruhig und gleichmäßig. Aber er ist riesig!

Mareike und Sofia, die beim Training zusehen, sind beeindruckt. Sogar die kleine Prinzessin kommt mit einem Satz auf den hohen Pferderücken hinauf!

»Du, schau mal, jetzt ist Jenny dran!«, meint Mareike und zeigt auf eins der größeren Mädchen. Jenny ist früher in ihrer Reitgruppe mitgeritten. Sie steht auf Lords Rücken, hoch aufgerichtet und mit ausgestreckten Armen. Dann setzt sie sich und nimmt das kleine Mädchen, das ebenfalls aufgesprungen ist, auf die Schultern. Kurz danach gleiten sie hinunter und zwei andere Mädchen springen auf, knien nebeneinander, ein Bein und einen Arm ausgestreckt.

»Das nennt man Fahne«, flüstert Sofia andächtig.

Beim Voltigieren muss man leise sein und darf Pferd und Reiterinnen nicht stören. Die Übungen wechseln in rascher Folge und eine ist schwerer als die andere. Mal sind drei oder vier Mädchen gleichzeitig auf Lords Rücken, dann wieder nur eins. Mareike und Sofia finden, dass alles unglaublich schwierig aussieht.

»Bestimmt muss man ein Ass in Gymnastik sein, damit man so was schafft«, sagt Mareike.

Nach der Voltigiervorführung kommt die Springgruppe an die Reihe. Ulrika ist der Meinung, dass ein Extratraining nicht schadet. In dieser Gruppe sind nur vier Reiter. Sie galoppieren in die Manege und springen dort abwechselnd oder auch zu zweit über die Hindernisse.

Ulrika erhöht nach jeder Runde jeweils ein Hindernis und am Schluss sind alle ziemlich hoch! Es sieht schneidig aus. Der Abstand zwischen den Hindernissen ist nicht groß, gerade mal ein großer Galoppsprung. Die Reiter müssen aufpassen, dass sie genügend Abstand zum Vorderpferd haben. Schließlich klappt es und die vier Pferde springen immer gleichzeitig über die Hindernisse.

»Was ziehen die eigentlich an?«, fragt Mareike.

»Ich glaube, die sollen Polizeiuniformen tragen – natürlich keine echten, sondern Fantasieuniformen«, meint Sofia. »Reitende Polizisten auf der Jagd nach Truddelutt – das wird bestimmt witzig.« Die Mädchen kichern bei dem Gedanken.

Doch dann meint Mareike nachdenklich: »Wenn die schon unsere Sättel nicht finden, wie soll es dann erst bei Truddelutt klappen ...«

Satteldiebe ertappt!

»Stellt euch das mal vor: Die sind mit einem Lastwagen voller Sättel im Graben gelandet!«, verkündet Ulrika.

Die Stimmung in der Reitschule ist aufgeheizt. Alle sind überglücklich, dass die gestohlenen Sättel wieder aufgetaucht sind. Aber noch weiß keiner, ob sie rechtzeitig zum Reiterfest da sein werden. Sie müssen mit dem Zug geschickt werden.

Mareike ist sprachlos. Wie kann man bloß im ganzen Land herumfahren und Sättel stehlen? Der Laster, den die Diebe fuhren, war bis unters Dach mit Sätteln voll gepackt. Sie müssen also einigen Ställen einen Besuch abgestattet haben. Bestimmt wollten sie die Sättel im Ausland verkaufen. Was für ein Glück, dass sie vorher im Graben gelandet sind!

Karin hatte in alle Sättel ein Eigentümerzeichen eingebrannt. So ist es leicht, die sechs Sättel der Reitschule ausfindig zu machen. Das ist wirklich die schönste Nachricht des Tages!

Die schlechte Nachricht ist, dass Nettan beim Reiterfest nicht mitmachen wird. Sie lahmt und kann mindestens eine Woche nicht eingesetzt werden. Mareike ist so enttäuscht und unglücklich! Sie steht bei Nettan und weint und verbirgt dabei ihr Gesicht in Nettans Mähne. Sie geht in die Hocke und streichelt Nettans verletztes Bein. Dabei spürt sie, wie viel wärmer als die anderen es ist. Warum musste das gerade jetzt passieren?

Karin versammelt die Quadrillereiterinnen, um mit ihnen zu besprechen, wie es weitergehen soll. Es gibt keinen anderen Fuchs im Stall, der mit Tuttan im Paar gehen könnte. Sollen Sofia und Mareike also beide auf anderen Pferden reiten, nämlich auf den beiden Schimmeln Ninja und Pinja? Oder soll nur Mareike ein anderes Pferd reiten? Dann wäre ihr Pferdepaar allerdings sehr unterschiedlich ... Nach einigem Hin und Her entschließen sie sich, es mit den beiden Schimmeln zu probieren.

Sofia kennt Ninja sehr gut, denn sie hat sie einen ganzen Kurs lang geritten. Doch Mareike hat erst einige wenige Male auf Pinja gesessen. Pinja bewegt sich ganz anders als Nettan, nicht so weich und fließend. Es ist gar nicht leicht, auf ihr auszusitzen. Aber auch sie ist sehr weich und empfindlich im Maul.

Mareike wechselt das Tempo, versucht das Pferd zu lösen und zu biegen, tritt fest in die Steigbügel und setzt sich tief in den Sattel, um Pinja besser vorwärts zu treiben. Aber Pinja ist steif, besonders auf der linken Hand, und Mareike ruckelt von einer Seite des Sattels auf die andere. Sie stellt sich vor, wie schwer es sein wird, die Quadrillefiguren mit ihr zu reiten. Mareike ist entmutigt.

Doch Karin kommt zu ihr und gibt ihr einige gute Tipps. Wie sie Pinja biegen und wie sie sie gerade richten muss. Schließlich geht Pinja weicher und nimmt auch die Zügelhilfen besser an.

Sofia und Ninja kommen auf Anhieb gut miteinander zurecht, und als die Mädchen mit den neuen Pferden die Quadrille reiten, klappt es fast so gut wie mit Nettan und Tuttan. Sie beschließen also die Pferde zu tauschen. Doch das heißt auch, dass sie vor der Generalprobe noch ein Extratraining einschieben müssen. Und dafür gibt es nur noch eine einzige Gelegenheit: morgen früh vor der Schule. Oje! Alle schauen sich an und seufzen.

Die Parade durch die Stadt

»Die Sättel sind da!« Mit dieser Neuigkeit empfängt Sofia Mareike im Stall. »Karin ist zum Bahnhof gefahren und holt sie ab. Hoffentlich sind sie nicht beschädigt!«

Mareike findet, dass das im Moment keine große Rolle spielt. Sie wird ja nun Pinja reiten, und deren Sattel war nicht gestohlen. Erst wenn das Reiterfest vorbei und Nettan wieder gesund ist, wird sie wieder in dem gewohnten und bequemen Sattel sitzen können.

Heute ist Donnerstag, der Tag der großen Parade durch die Stadt. Wenn die Schule aus ist und bevor der Berufsverkehr beginnt, dürfen sie ihren Umzug machen. Das hat das Ordnungsamt erlaubt. Es ist sowieso die beste Zeit! Dann sind viele Leute unterwegs, kaufen ein und bummeln.

Fast alle Pferde und Reiter nehmen am Umzug teil. Einige tragen schon die Kostüme, die sie auch beim Reiterfest anhaben werden.

Viele Vereinsmitglieder sind zu Fuß unterwegs. Sie tragen Plakate und Schilder: KOMMT HER UND SCHAUT! REITEN MACHT SPASS!, steht auf einem Plakat.

Björn reitet auf seinem Pferd an der Spitze des Zuges. Er trägt Frack und Zylinder und sieht wie ein echter Zirkusdirektor aus. Links von ihm reitet ein Mädchen mit der Fahne des Reitvereins, rechts von ihm ein Trompeter. Es sieht sehr prächtig aus.

Hinter ihnen kommt der Zug mit allen, die am Reiterfest teilnehmen werden. Darauf folgen unendlich viele kleine und große Kinder, alle in Reitkleidern. Die Bonbonkinder in ihren bunten Kostümen springen um den Zug herum und verteilen das Programm.

Die Leute bleiben stehen und schauen. Viele applaudieren, als der Zug vorbeikommt. Der Trompeter sorgt mit seinen Trompetenstößen für viel Aufmerksamkeit.

Aber dann nähert sich eine Gruppe Motorradfahrer – je näher sie kommen, desto lauter wird es. Die Pferde werden unruhig und stampfen mit den Hufen. Die Helfer nehmen sie an den Zügeln und so passiert zunächst nichts.

Doch plötzlich braust einer der Motorradfahrer dicht an den Zug heran. Björns Pferd, das manchmal ein bisschen nervös ist,

macht einen erschrockenen Satz zur Seite und stößt mit dem Pferd des Trompeters zusammen. Beide Pferde stehen nun auf dem Bürgersteig. Björns Zylinder rollt auf die Straße und die Trompete fällt mit einem lauten Knall zu Boden. Die Menschen auf dem Bürgersteig springen verängstigt auseinander.

Der Trompeter schaut abwechselnd auf die Dellen in seinem Instrument und zu dem Motorradfahrer. Der blickt derweil bestürzt auf die aufgescheuchten Pferde. Offenbar hat er nichts Böses im Sinn gehabt – aber er muss schon sehr dumm sein, wenn er nicht an die möglichen Folgen seines Verhaltens gedacht hat.

Björns Pferd hat sich inzwischen wieder beruhigt und Björn hat seinen Zylinder wieder. Nur ein bisschen staubig und zerdrückt sieht der Hut aus. Der Zug setzt seinen Weg fort. Björn steckt die linke Hand in den Frack, verzieht das Gesicht und nimmt die Zügel in eine Hand. Als sie bei der Reitschule ankommen und absitzen, läuft Karin ihm entgegen.

»Was ist los? Du bist ja kreidebleich! Hast du Schmerzen?«

»Ja, der kleine Finger ist am Sattel hängen geblieben und hat sich verdreht ... Ich glaube, er ist verstaucht ... Ich muss wohl ...« Björn wankt mit vor Schmerz verzerrtem Gesicht zu der Bank vor dem Stall. Er nimmt den Kopf zwischen die Knie, um seinen Kreislauf wieder in Schwung zu bringen. Er stöhnt. Ulrika hat kaltes Wasser geholt, er trinkt ein wenig und gießt den Rest über seinen Nacken. Karin hat sich neben ihn gesetzt und den Arm um ihn gelegt. Sie sieht sehr besorgt aus.

»Na, beim Reiterfest muss ich dann wohl einhändig reiten«, meint Björn und blickt mit einem schwachen Lächeln auf. »Ein weißer Handschuh an der einen Hand, ein weißer Verband an der anderen!«

Putte zeigt, was er kann

Freitags ist die Generalprobe. Fast alle sind schon sehr früh in der Reitschule. Einige haben sogar extra für die Generalprobe schulfrei bekommen.

Stefan und seine Freunde haben sich um das Tonbandgerät, die Lautsprecher, das Mikrofon und den ganzen technischen Kram gekümmert. Sie machen eine Tonprobe. Dabei wird es manchmal so laut, dass die Pferde unruhig werden.

Das Truddelutt-Lied ist auf Band aufgenommen und kann immer an der passenden Stelle abgespielt werden:

»Wo ist unser Truddelutt?
Habt ihr ihn gesehen?
Er ist uns einfach fortgelaufen.
Was ist mit ihm geschehen?«

Das Lied hat sehr viele Strophen, eine für jede Szene.

Dann kommt Andreas. Er muss immer noch mit Krücken gehen, wird aber trotzdem den Pas de deux reiten.

Andreas' Bruder Jan ist auch da. Er und Björn haben vereinbart, dass das Reiterfest gefilmt wird. Jan will die meisten Aufnahmen während der Generalprobe machen. Das ist gut, dann können die Pferde sich an das starke Scheinwerferlicht gewöhnen. Während des Festes wird Jan auch filmen, dann aber vor allem das Publikum und das Geschehen drumherum. Jan, Stefan und Andreas bauen die Scheinwerfer auf und richten sie aus. Seltsam, die Pferde kümmern sich kaum um das starke Licht – jedenfalls solange es sie nicht blendet.

Mareike und Sofia sind natürlich auch da. Sie üben ihre Programmteile und schauen den anderen zu.

Am Nachmittag kommen dann die kleineren Kinder und es herrscht ein Riesendurcheinander. Die Szene mit den Bonbons und das Springen werden noch einmal geprobt. Die Ponys regen sich über die Scheinwerfer und Lautsprecher mehr auf als die großen Pferde. Jan geht mit der Kamera herum und filmt aus verschiedenen Blickwinkeln. Die Bonbonkinder müssen ihre Szene ein paarmal proben, bis sowohl Karin als auch Jan zufrieden sind. Mit dem Springen geht es besser. Daran nehmen keine kleineren Kinder teil und als die Ponys sich an das Licht gewöhnt haben, klappt alles wie am Schnürchen.

»Hast du schon die Indianer und Cowboys gesehen?«, fragt Mareike und zieht Sofia an der Jacke. »Die üben gerade.« Die beiden Mädchen schlüpfen in die Halle und stellen sich hinter der Manege auf.

Es sind zwei Indianer und zwei Cowboys. Westernreiten steht auf ihrem Programm und sie reiten auf relativ großen Ponys. Zwei Helfer bauen eine Wippe auf und die Ponys gehen langsam und vorsichtig darüber. Kein Problem. Die Ponys scheinen an dieser Übung Spaß zu haben.

Dann werden große Badetücher zwischen zwei Stangen gespannt und alle reiten darunter hindurch. Die Reiter legen sich auf den Pferdehals und die Tücher wischen über sie hinweg.

Einer der Indianer beugt sich nicht weit genug runter und reißt das Tuch mit seinem schönen Federputz herunter. Aber die Helfer sind zur Stelle und schnell ist das Tuch wieder da, wo es hingehört.

Eines der Ponys will nicht. Es hat Angst vor dem weißen Tuch. Durch das starke Licht, das direkt auf das Tuch scheint, wirkt es besonders weiß und bedrohlich. Doch nach mehreren Versuchen macht auch dieses Pony bei der Übung mit.

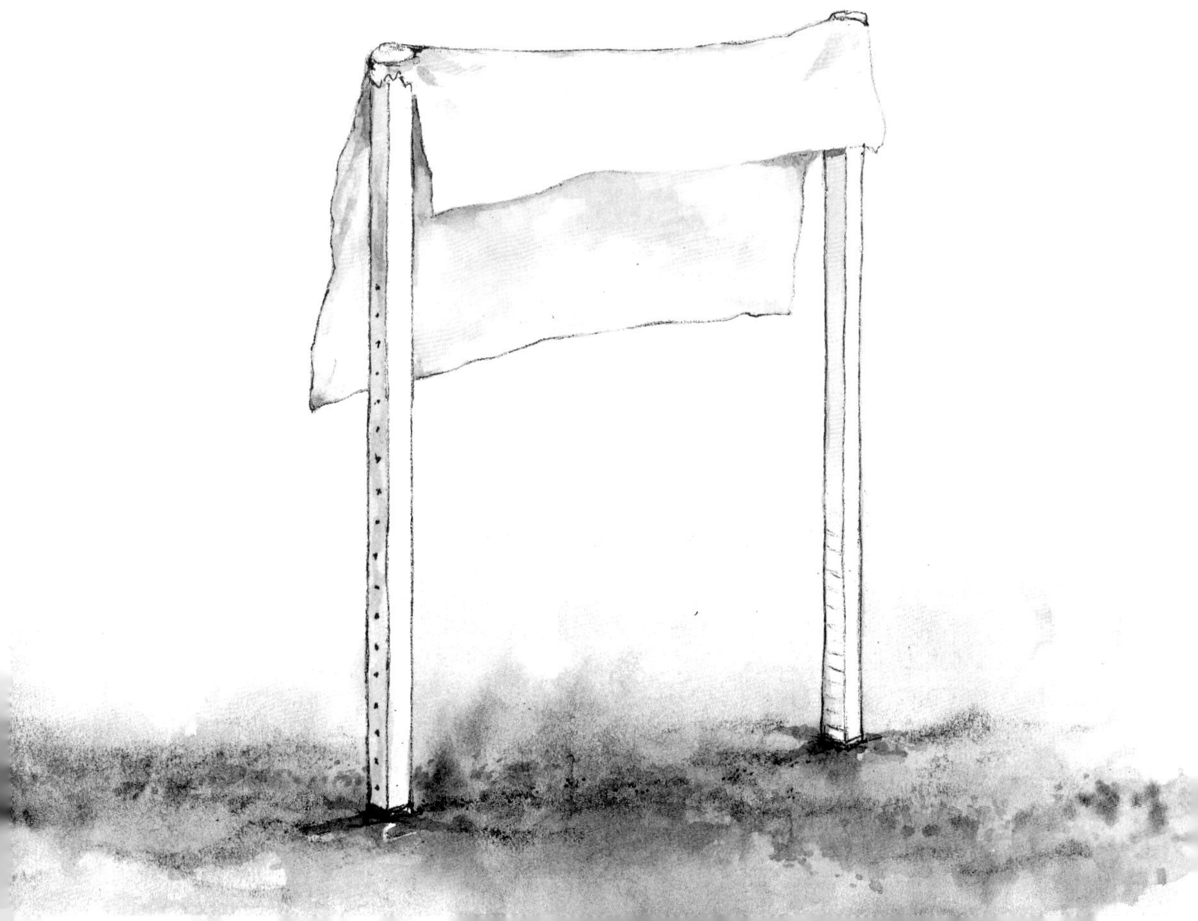

Sofia, die die ganze Zeit ihr Lieblingspony Putte beobachtet hat, ist richtig stolz, dass es das Programm fehlerlos absolviert hat und dann auch noch die ganze Gruppe im Galopp durch die Manege und durch die große Tür nach draußen führt.

Die drei Kinder, die Truddelutt suchen, kommen in die Manege gesprungen und rufen: »Halt, bleibt stehen! Habt ihr Truddelutt gesehen?«

Genau in diesem Moment ertönt das Truddelutt-Lied zum ersten Mal. Gunnar, der Sprecher, hat aufgepasst.

Der Clown mit der roten Nase

Als alle Vorbereitungen getroffen sind, ist es bereits Abend. Jetzt wird endlich die Generalprobe stattfinden. Im Reiterstübchen herrscht Chaos, alle ziehen ihre Kostüme an. Schließlich soll alles genauso sein wie später bei der richtigen Aufführung.

Die Aufregung ist groß. Heute Abend wird bereits Publikum dabei sein, die meisten Mitglieder des Reitvereins werden zuschauen. Die Pferde und die Reiter sollen sich daran gewöhnen, dass Publikum in der Halle sitzt, applaudiert und anfeuert. Auf beiden Seiten der Manege sind mehrere Reihen mit Bänken aufgestellt, sie sind bis zum letzten Platz besetzt.

Nach dem Trompeter kommt Björn. Er hat eine Hand bandagiert, an der anderen trägt er einen weißen Handschuh – genau so, wie er es angekündigt hat. Er begrüßt die Zuschauer und dann kann das Reiterfest beginnen.

Die vier Pferde, die bei der Quadrille mitreiten, stehen mit ihren Reitern in der Stallgasse und warten, dass sie an die Reihe kommen. Sobald Truddelutt verschwunden ist, werden sie die Manege betreten.

Mareike und Sofia haben Pinja und Ninja so lange gestriegelt und geputzt, bis die beiden Schimmel von Kopf bis Fuß seidig glänzen. Schweif und Mähne sind geflochten und mit Rosetten verziert.

Mareike beobachtet, wie Truddelutt die Manege betritt. Seine Besitzerin versucht ihn mit einem Hafereimer wieder aus der Halle zu locken. Aber das Minipferdchen beachtet sie gar nicht. Es findet das Publikum viel interessanter. Vielleicht gibt es dort ja auch Leckerbissen? Truddelutt wandert umher und streckt seinen Kopf über den Manegenrand. Er ist nicht viel größer als ein Schäferhund.

Das Publikum reckt die Hälse und ist neugierig. Keiner kennt das Minipferdchen, keiner hat es vorher in der Reitschule gesehen.

Gunnar, der Sprecher, spricht frei von der Leber weg und kommentiert, was Truddelutt macht. Einige, die ganz nah an der Manege sitzen, strecken die Hände nach dem kleinen Pferd aus.

Seine Besitzerin lockt weiterhin eifrig mit dem Hafer und klappert mit dem Eimer. Nein, so war das nicht geplant! Sie hat die Szene so oft mit ihrem Pferdchen geprobt und bis jetzt hat es immer geklappt. Endlich scheint sich Truddelutt an die Übung zu erinnern. Mit einem Mal beginnt er zu galoppieren und verschwindet durch die große Reithallentür.

Es herrscht eine Bombenstimmung, als die Quadrillenreiter in die Halle einreiten. Mareike ist etwas nervös und tauscht mit Sofia ängstliche Blicke. Hoffentlich passiert nicht wieder etwas Unvorhergesehenes. Hoffentlich klappt die Quadrille!

Aber als sie die Manege betritt, fällt mit einem Mal alle Aufregung von Mareike ab. Jetzt geht es nur noch ums Reiten. Sie und Pinja wollen sich von der besten Seite zeigen und die Quadrille fehlerfrei vorführen.

Alles klappt perfekt und zum Schluss stellen sich die Reiterinnen in der Mitte der Manege auf und das Publikum applaudiert begeistert. Dann kommen die suchenden Kinder in die Halle und fragen nach Truddelutt. Pferde und Reiter schütteln den Kopf – genau so, wie sie es geübt haben. Die Kinder gehen herum und fragen auch das Publikum. Annika, Ulla und Lena sind in Hochform und tun so, als würden sie weinen und Truddelutt furchtbar vermissen. Erst als die Zuschauer auf die große Reithallentür deuten, durch die Truddelutt verschwunden ist, lachen die Mädchen wieder und springen beglückt hinterher.

Nun reiten auch Mareike und die anderen Quadrillenreiter hinaus. Puh, die Szene hat wunderbar geklappt! Mareike ist sehr zufrieden.

Während die Kulissenträger die Szenenbilder austauschen, kommt Truddelutt wieder herein, diesmal in Gesellschaft eines Clowns. Der Clown schlägt Purzelbäume, hüpft durch die Manege, flüstert Truddelutt ins Ohr und benimmt sich genau so, wie man es von einem Clown erwartet. Er hat eine große, tomatenrote

Nase und einen riesigen, weißen Mund. Die Haare sind sonnengelb und stehen in alle Richtungen ab. Der Clown treibt Truddelutt hinaus, schlägt noch ein paar Purzelbäume und rennt hinter Truddelutt her.

»Wer war das denn?«, fragt Mareike Sofia. Beide machen große Augen und staunen. »Der Clown hat sich bewegt, als wäre er aus Gummi. Wie der sich verrenkt hat!«

Auch von den anderen hat keiner den Clown erkannt.

»Es war auf jeden Fall jemand, der toll turnen kann«, sagt Sofia. »Vielleicht ist es jemand aus der Voltigiergruppe?«

Die Premiere

Die erste Vorstellung findet am Samstagnachmittag statt. Es sollen so viele Kinder wie möglich kommen und zuschauen. Schon eine Stunde bevor es losgeht, bildet sich draußen vor der Tür eine lange Schlange. Einige Kinder vom Reitverein verkaufen Pferdepostkarten – die gehen weg wie warme Semmeln.

Als es endlich so weit ist, ist die Reithalle gestopft voll. Hinter den Bänken stehen viele Zuschauer, die keinen Sitzplatz mehr bekommen haben. Mareike hält sich an der Stalltür bereit, um zu helfen, wann immer Not am Mann ist. Erst jetzt bemerkt sie, dass auch der Clown kräftig mit anpackt. Mareike wundert sich: Zu gerne wüsste sie, wer in dem Kostüm steckt!

Der Clown springt in die Halle und schlägt Räder und Purzelbäume durch die Manege. Er trägt große weiße Handschuhe und begrüßt alle Kinder. Aber es wird noch besser: Mit einem Mal läuft er auf den Händen durch die Manege und winkt dem Publikum mit seinen Füßen zu! Und dann, ganz plötzlich, ist er so schnell verschwunden, wie er aufgetaucht ist.

Die Kinder winken hinterher und lachen. Aber wer ist bloß dieser Clown? Obwohl Mareike so nahe gestanden hat, konnte sie nicht erkennen, wer sich hinter der Maske verbirgt.

Als die Voltigiergruppe fertig ist und sich vor dem Publikum verbeugt, kommt der Clown wieder herein. Er zeigt erst auf sich und dann auf Lord, das Voltigierpferd, und sieht dabei Jenny aus der Voltigiergruppe fragend an. Jenny nickt. Klar kann der Clown es auch mal probieren!

Der Clown muss erst mal rauf aufs Pferd. Er springt hoch, hat zu viel Schwung und rutscht auf der anderen Seite wieder runter. Erst nach einigen Versuchen sitzt er endlich auf Lords Rücken und klammert sich ängstlich am Voltigiergurt fest. Auf ein Peitschenknallen hin setzt Lord sich in Bewegung. Na, wenn das mal gut geht!

Es sieht aus, als ob der Clown jeden Moment das Gleichgewicht verlieren würde. Dabei macht er lauter verrückte Übungen: Er hängt sich mit dem Kopf nach unten auf die eine Seite. Dann rutscht er hinten vom Pferd, hält sich am Schweif fest und springt mit einem Bocksprung wieder hinauf. Er steht auf einem Bein und schwankt gefährlich hin und her und macht schließlich einen Handstand auf dem Pferderücken.

Doch dann fällt er runter und landet mit einem Plumps auf dem Boden. Mit Mühe und mancherlei Verrenkung setzt er sich

wieder auf, winkt den Zuschauern zu und verschwindet dann Rad schlagend aus der Halle. Alle jubeln und klatschen begeistert in die Hände. Es ist so laut, dass Lord erschrocken und in voller Fahrt aus der Manege rast.

Der Clown kommt in die Stallgasse, von wo aus Mareike seinen Auftritt beobachtet hat. Er nimmt die Perücke ab und schiebt die rote Nase hoch. »Puuuh, das war anstrengend!«, sagt er und grinst Mareike an.

Die kann es kaum fassen: »Ulrika!! Du bist der Clown?«

Ulrika hat sich also hinter der Clownsmaske versteckt! Na ja, wenn man darüber nachdenkt, ist es eigentlich klar. Meine Güte, was war sie aber auch dumm. Schließlich weiß sie doch, dass Ulrika ein Ass im Voltigieren ist.

Von Rittern, Prinzen und Prinzessinnen

»Komm, jetzt sind die Ritter dran. Das dürfen wir nicht verpassen!« Sofia will, dass Mareike sich beeilt.

Als die beiden Mädchen zur Hallentür kommen, reiten die beiden Ritter gerade in ihren prächtigen Rüstungen in die Manege ein. Sie verbeugen sich vor dem Publikum und klappen die Visiere ihrer Helme hinunter. Im linken Arm halten sie bunte Schilde, in der rechten Hand ihre Holzschwerter. Dann galoppieren sie durch die Manege und zerstoßen mit ihren Schwertern bunte Luftballons. Schließlich reiten sie aufeinander zu und kämpfen mit den Schwertern. Einer der Ritter wird getroffen und stürzt vom Pferd, der andere hebt als Sieger die Arme.

»Mensch, das war aber aufregend!«, flüstert Sofia. Auch die Zuschauer verfolgen voller Spannung die Szene. Alle lieben solche aufregenden Vorführungen und sind begeistert. Nur die Kleinsten sind sich noch nicht ganz sicher, ob der Ritter nun wirklich tot ist. Er liegt immer noch ganz still am Boden.

Da kommt Truddelutt herein und stupst den Ritter mit der Nase an. Der wird plötzlich wieder lebendig, steht auf und umarmt das Pferdchen. Dann geht er gemeinsam mit Truddelutt aus der Halle.

Mareike und Sofia sind noch ganz gebannt von der spannenden und schönen Szene. Doch plötzlich fällt ihnen siedend heiß ein, dass sie sich dringend für die Schlussszene fertig machen müssen. Es ist nicht mehr viel Zeit. Die neuen Kulissenträger stehen schon bereit: Mit ihren Zinnen- und Turmschildern stellen sie ein Schloss dar. In der abschließenden Szene werden die suchenden Kinder Truddelutt endlich finden.

Vor dem Auftritt ist die Aufregung wieder groß. Alle rennen durcheinander und es ist fast genauso chaotisch wie ganz zu Beginn. Doch wie durch ein Wunder sind alle rechtzeitig fertig und auf ihren Plätzen. Der Prinz und die Prinzessin kommen aus dem Schloss und begrüßen die suchenden Kinder, Truddelutt wird gerettet und alle feiern gemeinsam ein großes Fest. Die Zuschauer singen das Truddelutt-Lied mit, die Bonbonkinder verteilen selbst gemachte Bonbons und Süßigkeiten und die Stimmung ist fröhlich und ausgelassen.

Was für ein Erfolg!

Die allerletzten Zuschauer haben die Reithalle verlassen, die Pferde sind gefüttert worden und allmählich kehrt wieder Ruhe ein. Im Reiterstübchen ist immer noch viel los und die Helfer versuchen, Ordnung in die Kostüme und Requisiten zu bringen. Schließlich muss alles an seinem Platz sein, damit auch die nächste Vorstellung wieder gut klappt.

Im Stall sind viele der jungen Reiterinnen und Reiter bei ihren Lieblingspferden, liebkosen sie und flüstern ihnen zu, wie tüchtig sie heute gewesen sind. Schließlich scheucht Karin alle hinaus und schließt den Stall ab für die Nacht. Die Pferde brauchen ihre Ruhe, damit sie morgen wieder fit sind.

»Was für ein Erfolg! Die Zuschauer wollten ja gar nicht mehr aufhören zu applaudieren!«, sagt Björn zufrieden, als er ins Reiterstübchen kommt. »Jetzt hoffe ich nur, dass die Zeitung auch über uns berichtet. Und dass viele gemerkt haben, was für ein toller Reitverein wir sind.«

Am nächsten Morgen schnappt sich Mareike schon vor dem Frühstück die Sonntagszeitung. Gerade als sie zu lesen anfangen will, klingelt das Telefon. Es ist Sofia.

»Hast du die Zeitung gesehen?« Sofia ist so aufgeregt, dass sich ihre Stimme fast überschlägt. »Da ist ein Bild von unserer Quadrille drin ... und von den Bonbonkindern ...«

»Ich sehe es mir gerade an«, antwortet Mareike und blättert in der Zeitung. »Die ganze Seite ist ja voller Bilder von uns!«

»Sieh mal, da ist auch eins von Truddelutt mit dem Clown!« Die Mädchen sind begeistert. Sie wollen sich sofort in der Reitschule treffen und hören, was die anderen dazu sagen.

Andreas und Jan sind schon da, als Mareike und Sofia eintreffen. Sie haben sich Jans Filmmaterial angesehen und glauben, dass es ein Spitzenfilm wird.

»Hallo, Mädchen! Einen wunderschönen guten Morgen!«, ruft Björn und schaut durch die Tür. »Euch beiden Jungs natürlich auch!« Er grinst Andreas und Jan zu. »Habt ihr schon darüber nachgedacht, wie unser Reiterfest nächstes Jahr aussehen soll?«

Rückgabe spätestens am		
[illegible]		12. SEP. 2007 / 16. FEB. 09
01. Feb. 2006		
08. Feb. 2006		
31. März 2006		
14. Juli 2006		
04. Okt. 2006		
24. Jan. 2007		
7. März '07		
13. MRZ. 2009		
08. MAI 2009		
09. SEP. 2009		
19. Mai 2010		
13. MRZ. 2019		

FZ DIN 1500

ekz Best.-Nr. 806643.2